Benedicta A. Costa dos Reis
Sueli Ramalho Segala

ABC em LIBRAS

Ilustrações:
Fábio Sgroi

6ª impressão

PANDA BOOKS

© Benedicta A. Costa dos Reis e Sueli Ramalho Segala

Direção editorial
Marcelo Duarte
Patth Pachas
Tatiana Fulas

Coordenação editorial
Vanessa Sayuri Sawada

Assistentes editoriais
Henrique Torres
Laís Cerullo
Guilherme Vasconcelos

Projeto gráfico e diagramação
Verbo e Arte Comunicação

Impressão
PifferPrint

CIP – BRASIL. CATALOGAÇÃO NA FONTE
SINDICATO NACIONAL DOS EDITORES DE LIVROS, RJ

Segala, Sueli Ramalho, 1964-
ABC em Libras/ [Sueli Ramalho Segala, Benedicta A. Costa dos Reis]. – São Paulo: Panda Books, 2009. 32 pp. il. color.

ISBN: 978-85-7888-002-6

1. Língua de Sinais – Literatura infantojuvenil.
2. Letramento I. Reis, Benedicta A. Costa dos, 1958-. II. Título.

09-0075.   CDD: 371.91246
                                        CDU: 376-056.263

2023
Todos os direitos reservados à Panda Books
Um selo da Editora Original Ltda.
Rua Henrique Schaumann, 286, cj. 41
05413-010 – São Paulo – SP
Tel./ Fax: (11) 3088-8444
edoriginal@pandabooks.com.br
www.pandabooks.com.br
Visite nosso Facebook, Instagram e Twitter.

Nenhuma parte desta publicação poderá ser reproduzida por qualquer meio ou forma sem a prévia autorização da Editora Original Ltda. A violação dos direitos autorais é crime estabelecido na Lei nº 9.610/98 e punido pelo artigo 184 do Código Penal3

Apresentação

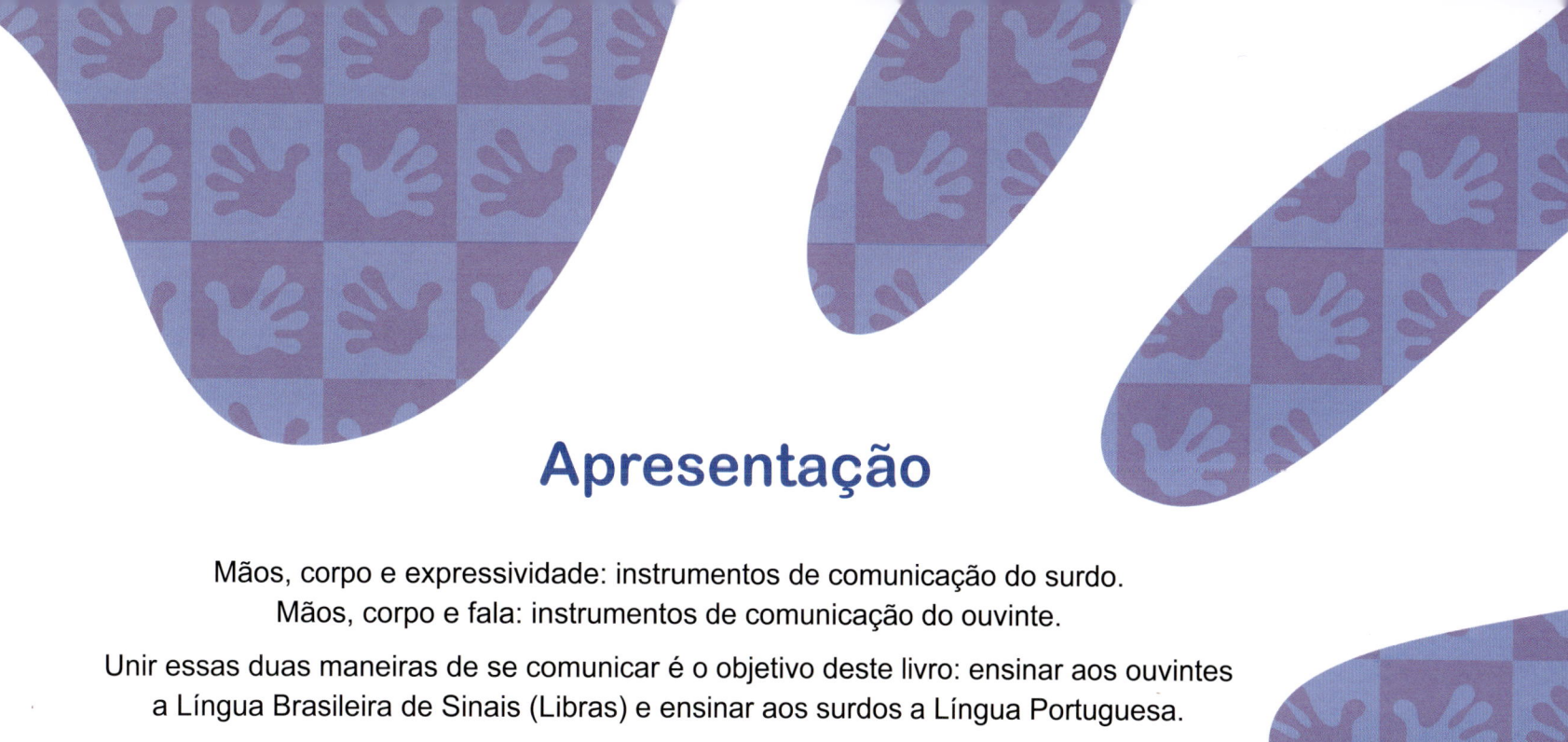

Mãos, corpo e expressividade: instrumentos de comunicação do surdo.
Mãos, corpo e fala: instrumentos de comunicação do ouvinte.

Unir essas duas maneiras de se comunicar é o objetivo deste livro: ensinar aos ouvintes a Língua Brasileira de Sinais (Libras) e ensinar aos surdos a Língua Portuguesa.

Em cada página você vai encontrar a palavra em português, a tradução no alfabeto dactilológico (para soletrar a palavra) e o sinal em Libras com a respectiva descrição (as setas indicam o movimento).

Os sinais foram feitos para destros. Se você for canhoto, é só fazê-los com a mão esquerda.

Nosso objetivo é que surdos e ouvintes caminhem juntos, utilizando as mãos para o mesmo fim: a comunicação.

ALFABETO DACTILOLÓGICO

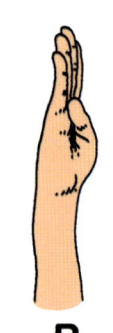

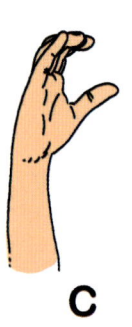

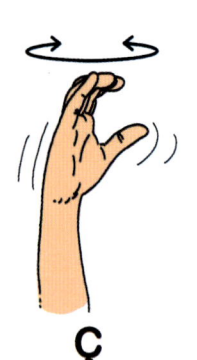

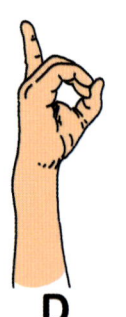

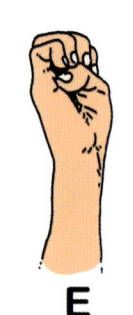

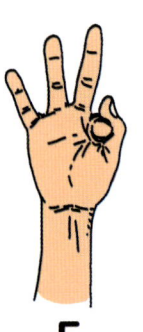

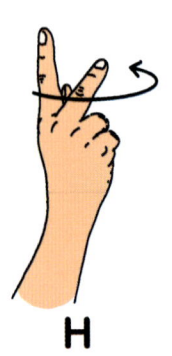

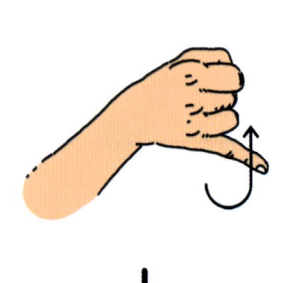

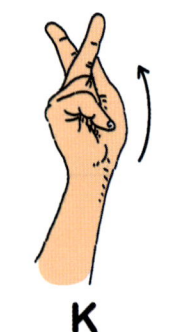

A	B
C	Ç
D	E
F	G
H	I
J	K

L	M	N	O	P
Q	R	S	T	U
V	W	X	Y	Z

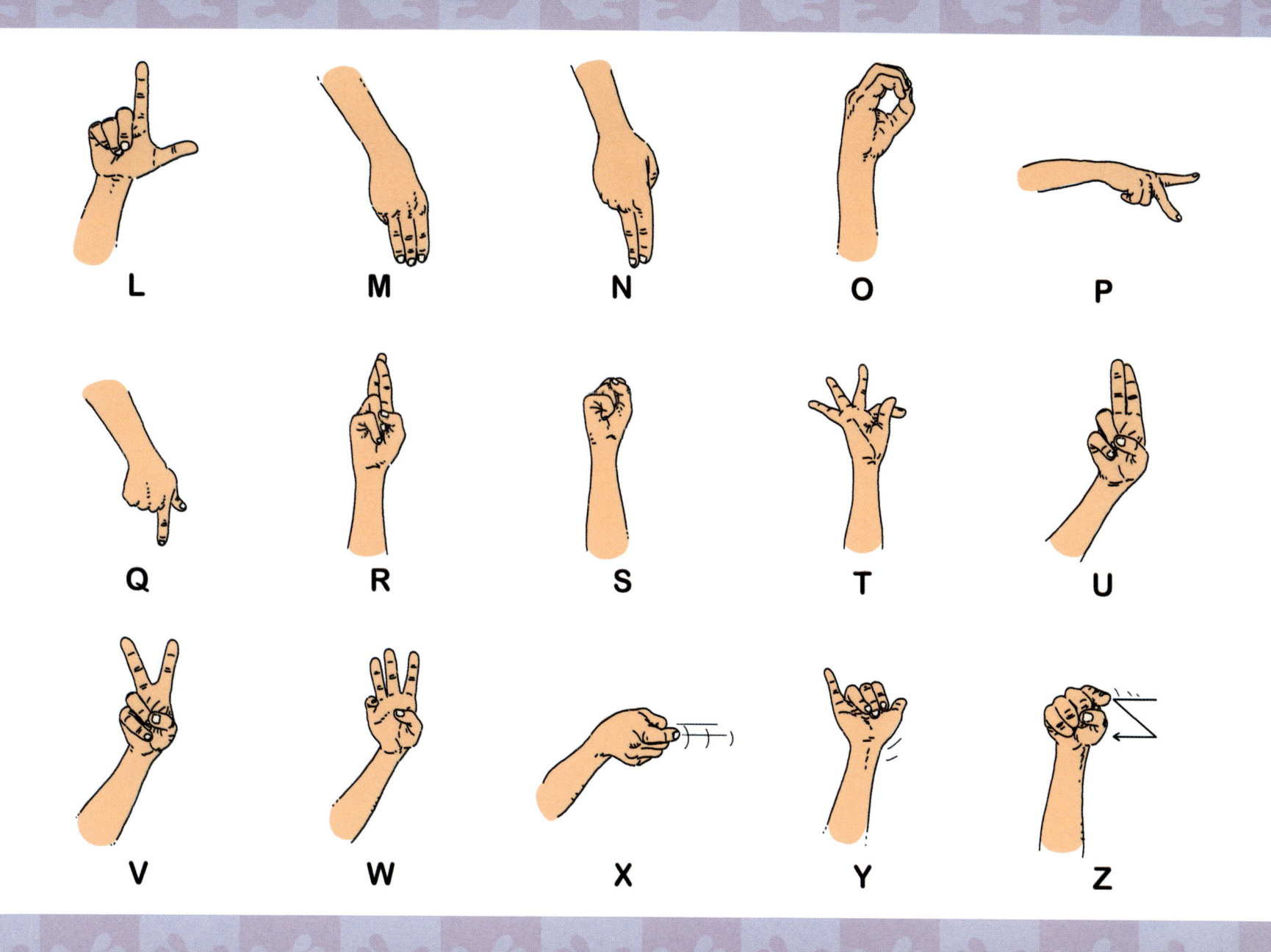

A a

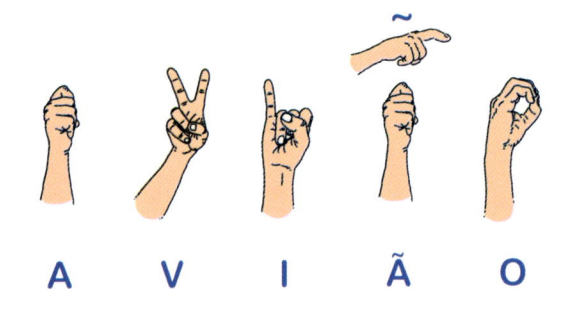

A V I Ã O

AVIÃO avião Avião avião

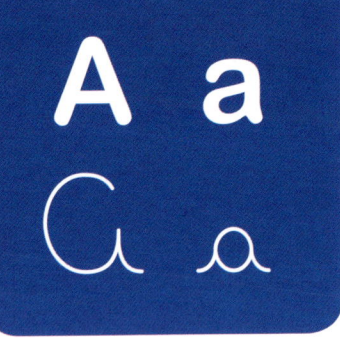

Posicione os dedos como na letra y, com a palma da mão para baixo. Movimente o braço como se fosse o avião voando.

B b
B b

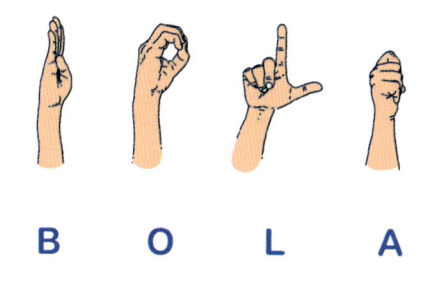

Junte as pontas dos dedos das duas mãos, movimente os pulsos para baixo e para cima.

B O L A

| BOLA | bola | *Bola* | *bola* |

C c
C c

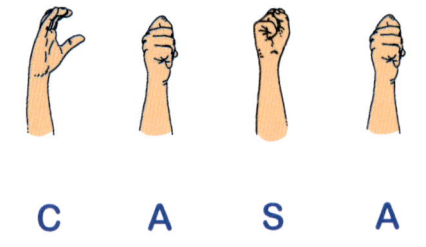

Junte as pontas dos dedos das duas mãos, formando o telhado de uma casa.

C A S A

| CASA | casa | Casa | casa |

D d

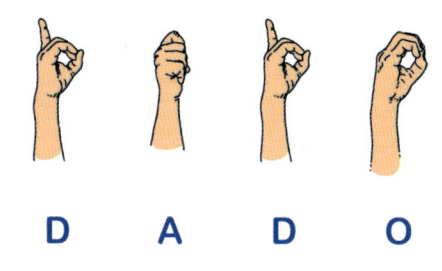

D A D O

Segure um dado imaginário, mantendo a palma para cima. Balance a mão e atire o dado sobre a superfície.

DADO   **dado**   Dado   dado

E e

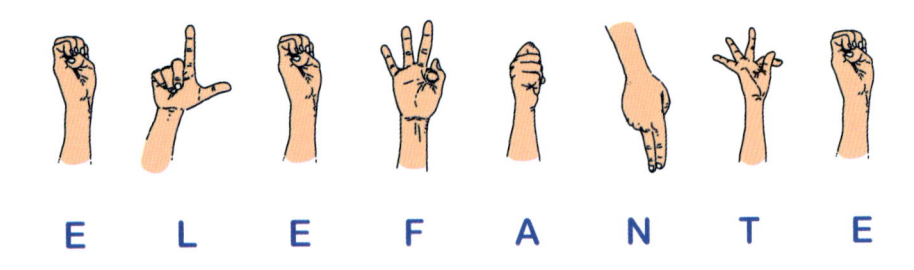

Toque a ponta do nariz com o dedo indicador. Movimente-o como se desenhasse a tromba do elefante.

E L E F A N T E

ELEFANTE   **elefante**   *Elefante*   *elefante*

F f

F f

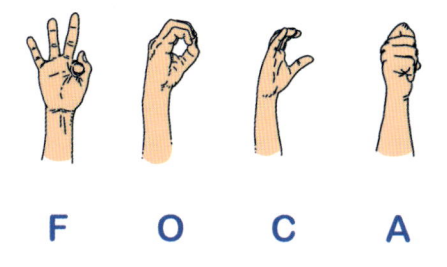

F O C A

São dois movimentos: 1) leve a mão aberta ao rosto, feche-a e puxe, como se estivesse esticando o nariz; 2) aproxime os braços da cintura e bata palmas.

FOCA **foca** *Foca* *foca*

G g
G g

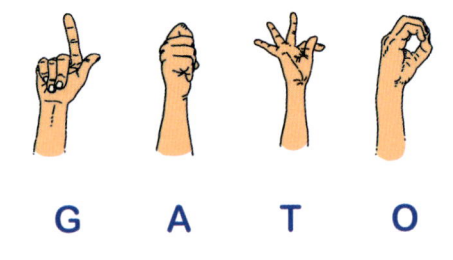

Aproxime a ponta dos dedos ao rosto e puxe como se pegasse os bigodes do gato.

G A T O

GATO **gato** Gato gato

H h
H h

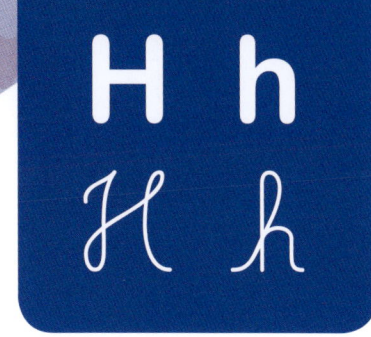

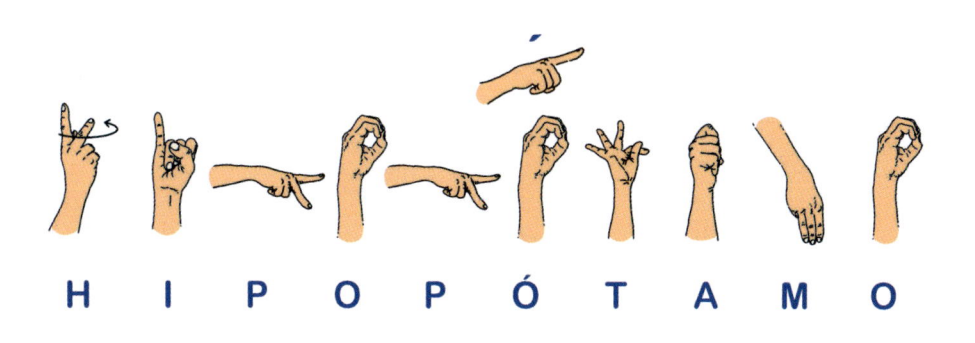

Junte os pulsos e estique os dedos indicador e mínimo. Curve-os e movimente as mãos num abrir e fechar, como se fosse a boca do hipopótamo.

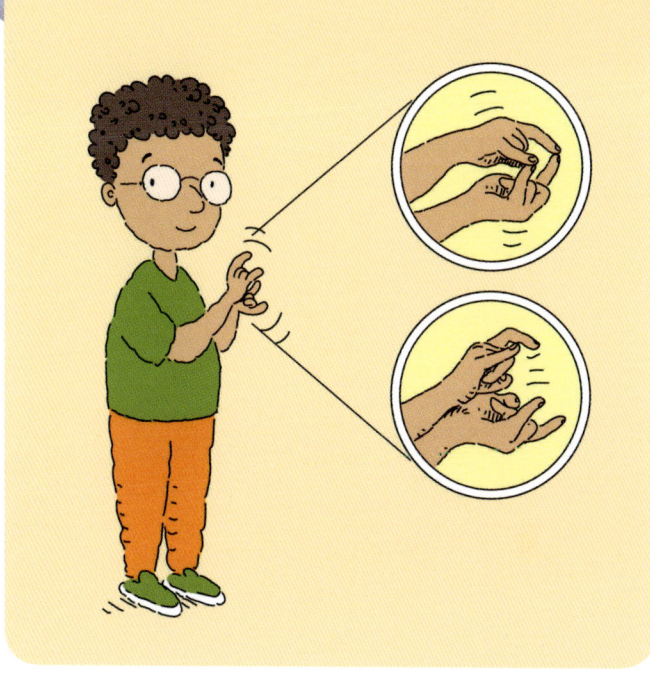

H I P O P Ó T A M O

HIPOPÓTAMO hipopótamo *Hipopótamo hipopótamo*

I i

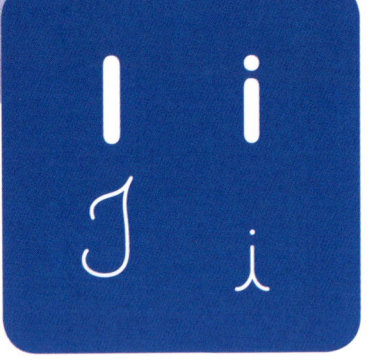

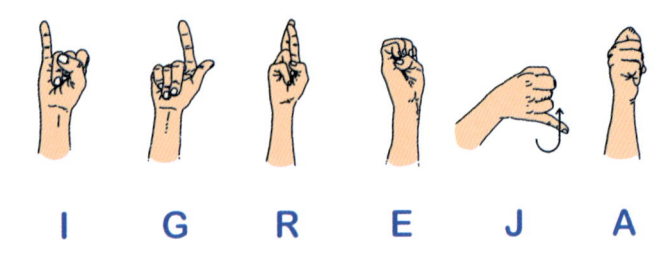

São dois movimentos: 1) junte as pontas dos dedos, formando o telhado de uma casa; 2) faça o sinal de cruz.

I G R E J A

IGREJA **igreja** *Igreja* *igreja*

J j

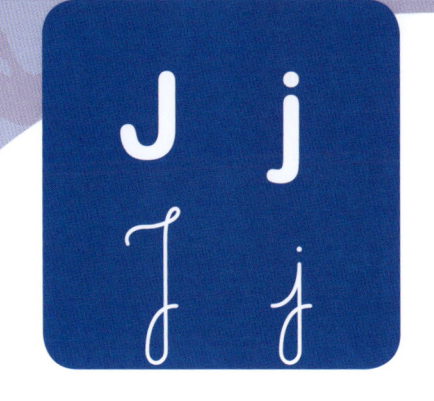

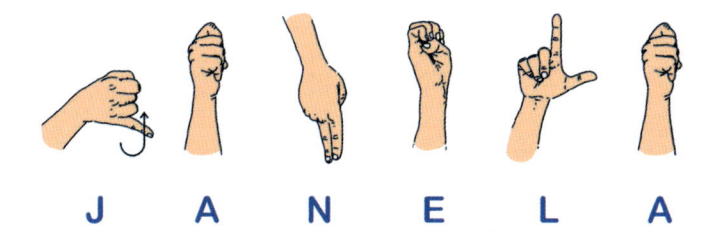

Coloque o braço direito apoiado sobre o esquerdo como se estivesse na janela observando a rua.

J A N E L A

JANELA   **janela**   *Janela*   *janela*

L l

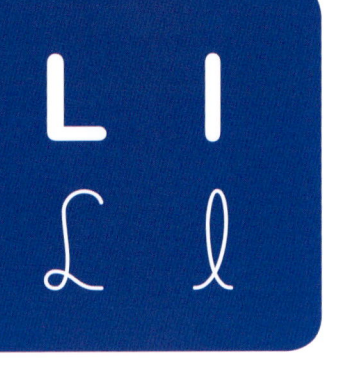

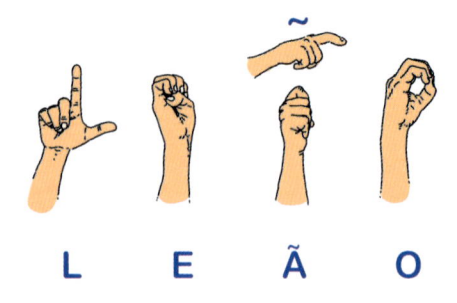

Abra as mãos na altura dos olhos e movimente-as para baixo, fechando-as na altura do queixo.

L E Ã O

| LEÃO | leão | Leão | leão |

M m

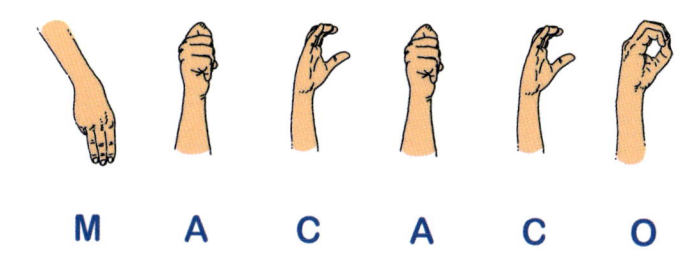

Dobre os braços ao lado do corpo e movimente-os para cima e para baixo, abrindo e fechando as mãos.

M A C A C O

MACACO   **macaco**   Macaco   macaco

N n

N A V I O

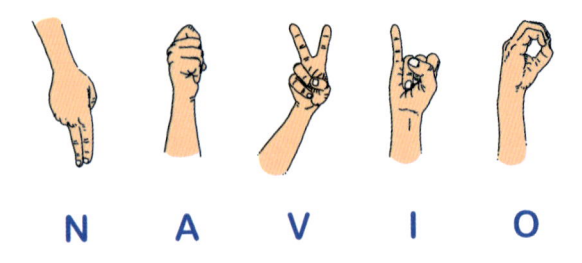

Una os dedos formando a proa do navio. Movimente as mãos como se o navio estivesse sobre as ondas do mar. Sopre os lábios.

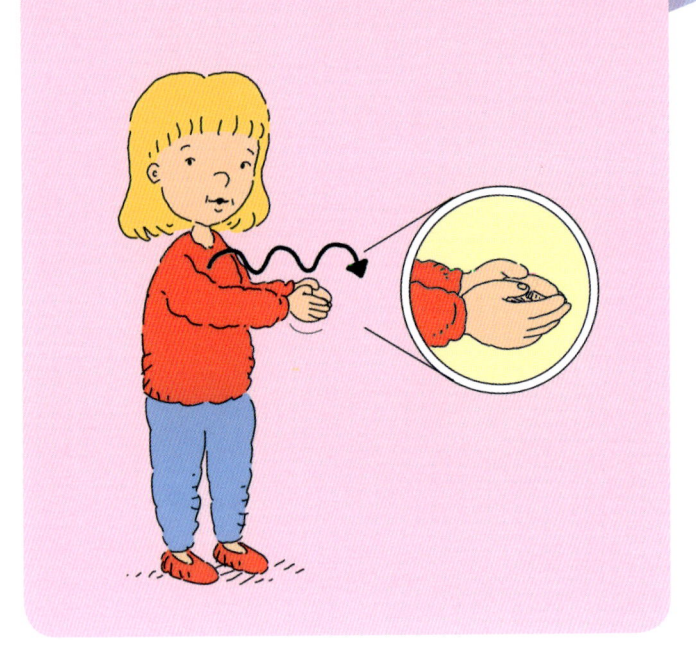

NAVIO **navio** Navio navio

O o

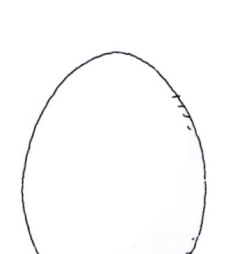

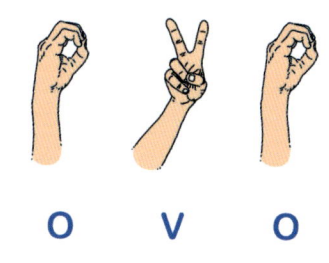

o v o

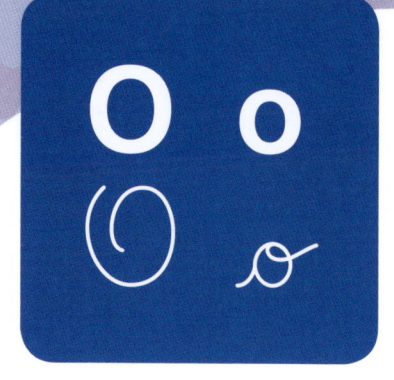

Imagine-se segurando um ovo com as duas mãos: movimente os pulsos para baixo e solte-o.

| OVO | ovo | Ovo | ovo |

P p

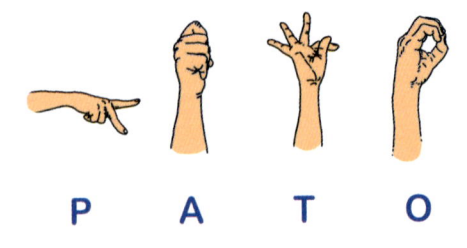

Aproxime a mão da boca e levante apenas os dedos indicador, médio e polegar. Abra e feche os dedos como se fosse o bico do pato.

P A T O

PATO   **pato**   Pato   pato

Q q

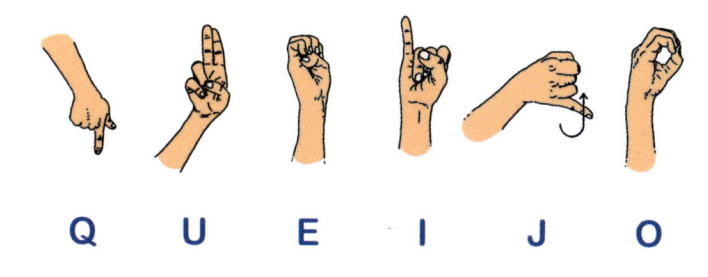

Posicione os dedos como na letra I, na horizontal. Aproxime a mão do queixo e movimente-a para cima e para baixo.

Q U E I J O

QUEIJO **queijo** Queijo queijo

R r

Aproxime a mão da orelha e gire-a como se mexesse no botão do rádio.

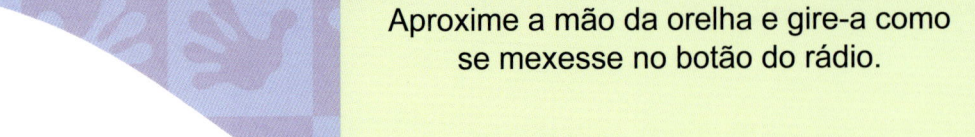

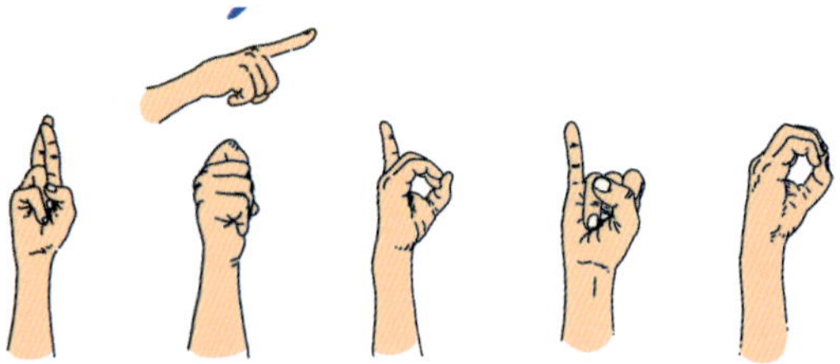

R Á D I O

| RÁDIO | rádio | Rádio | rádio |

S s

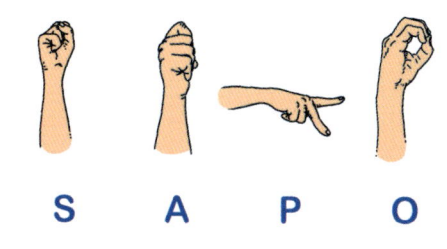

S A P O

Coloque as mãos uma sobre a outra. Movimente a mão de cima fazendo um arco até chegar no antebraço. É o pulo do sapo!

| SAPO | sapo | Sapo | sapo |

T t

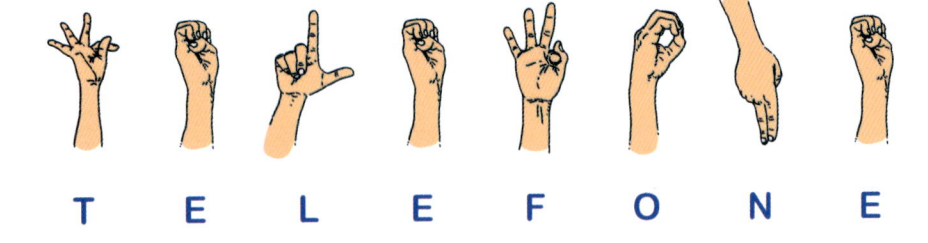

> Posicione os dedos como na letra y. Aproxime a mão da orelha como se fosse atender ao telefone.

T E L E F O N E

TELEFONE   **telefone**   *Telefone*   *telefone*

U u

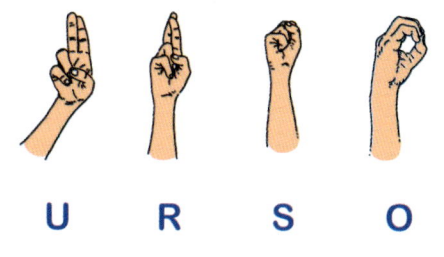

Curve os dedos indicador e polegar e leve as mãos à cabeça, imitando as orelhas do urso.

U R S O

| URSO | urso | Urso | urso |

V v

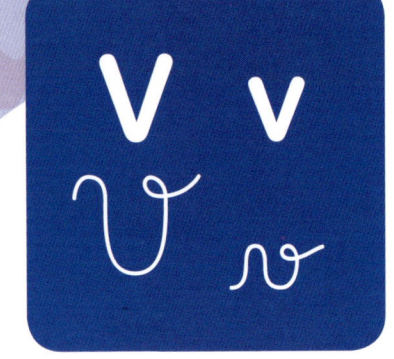

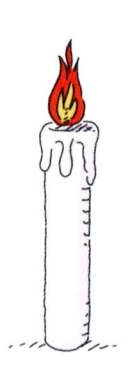

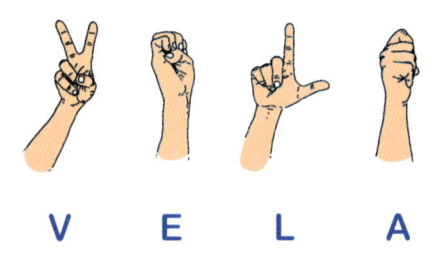

Levante o dedo indicador. Posicione a outra mão por cima e mexa os dedos como se fossem a chama da vela.

V E L A

VELA   **vela**   *Vela*   *vela*

X x

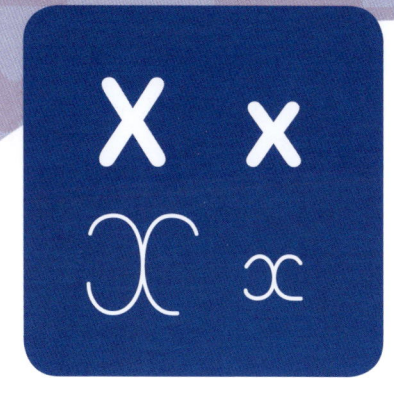

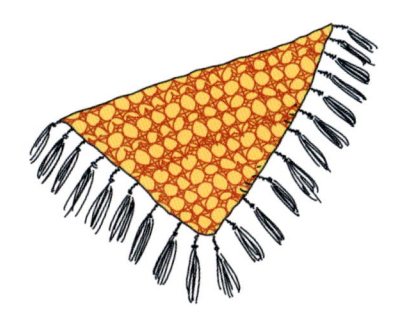

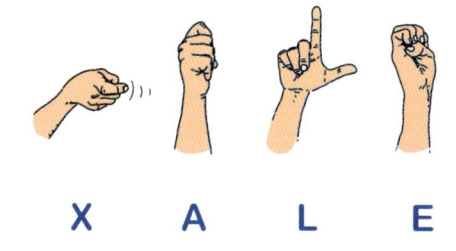

Abra os braços e leve-os até os ombros. Depois, leve os braços para a frente e cruze-os, como se vestisse o xale.

X A L E

XALE   **xale**   *Xale*   *xale*

Z z

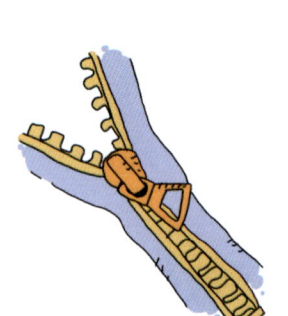

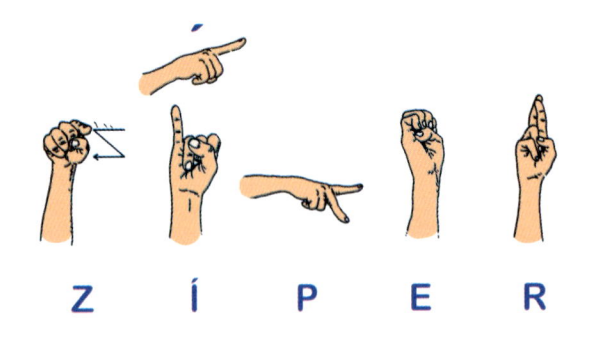

Mantenha uma das mãos parada e movimente a outra para cima e para baixo, abrindo e fechando o zíper.

Z Í P E R

ZÍPER   **zíper**   *Zíper*   *zíper*

ABC em LIBRAS

O caminho da inclusão

Vivemos uma época em que a palavra-chave, principalmente no meio escolar, é inclusão. Mas, o que é inclusão? O que ou quem incluir? Por que incluir? Pode alguém sentir-se incluído em um mundo diferente se não lhe for favorecido meios para essa inclusão?

Quem desconhece o universo do surdo pode pensar: ele não ouve, mas pode ler um livro, um jornal, uma revista; no entanto, as pesquisas mostram que apenas 9% das crianças surdas de 0 a 17 anos estão matriculadas no Ensino Básico. Por diversas razões, entre elas o preconceito e o próprio desconhecimento dos pais e responsáveis, a criança surda é colocada em contato com apenas um tipo de língua.

Estar incluído significa sentir-se parte do mundo, compartilhar o mundo do outro, poder adentrar-se nele. Não basta matricular um surdo em uma sala de ouvintes, nem tampouco matricular um ouvinte em uma sala de surdos. Isso não é inclusão.

Pensando e vivenciando essa situação em sala de aula, decidimos trabalhar para que, de forma real, a inclusão se concretize. Ouvintes e surdos, conhecedores da Língua Portuguesa e da Língua Brasileira de Sinais, respectivamente, poderão, enfim, se interessarem e, dessa forma, sentirem-se incluídos de forma real e plena.

Por dentro do livro

A Língua Brasileira de Sinais (Libras) é uma língua de modalidade visual, espacial e gestual, o que significa dizer que as informações são expressas por movimentos gestuais, expressões faciais e percebidas pela visão.

Neste *ABC em Libras* procuramos enfatizar a importância não só do gesto e do movimento corporal, mas também da expressão facial. Nas ilustrações, você pode ver que a personagem que traduz a palavra para o sinal em Libras utiliza as mãos e a face para se comunicar. Veja o exemplo na página seguinte:

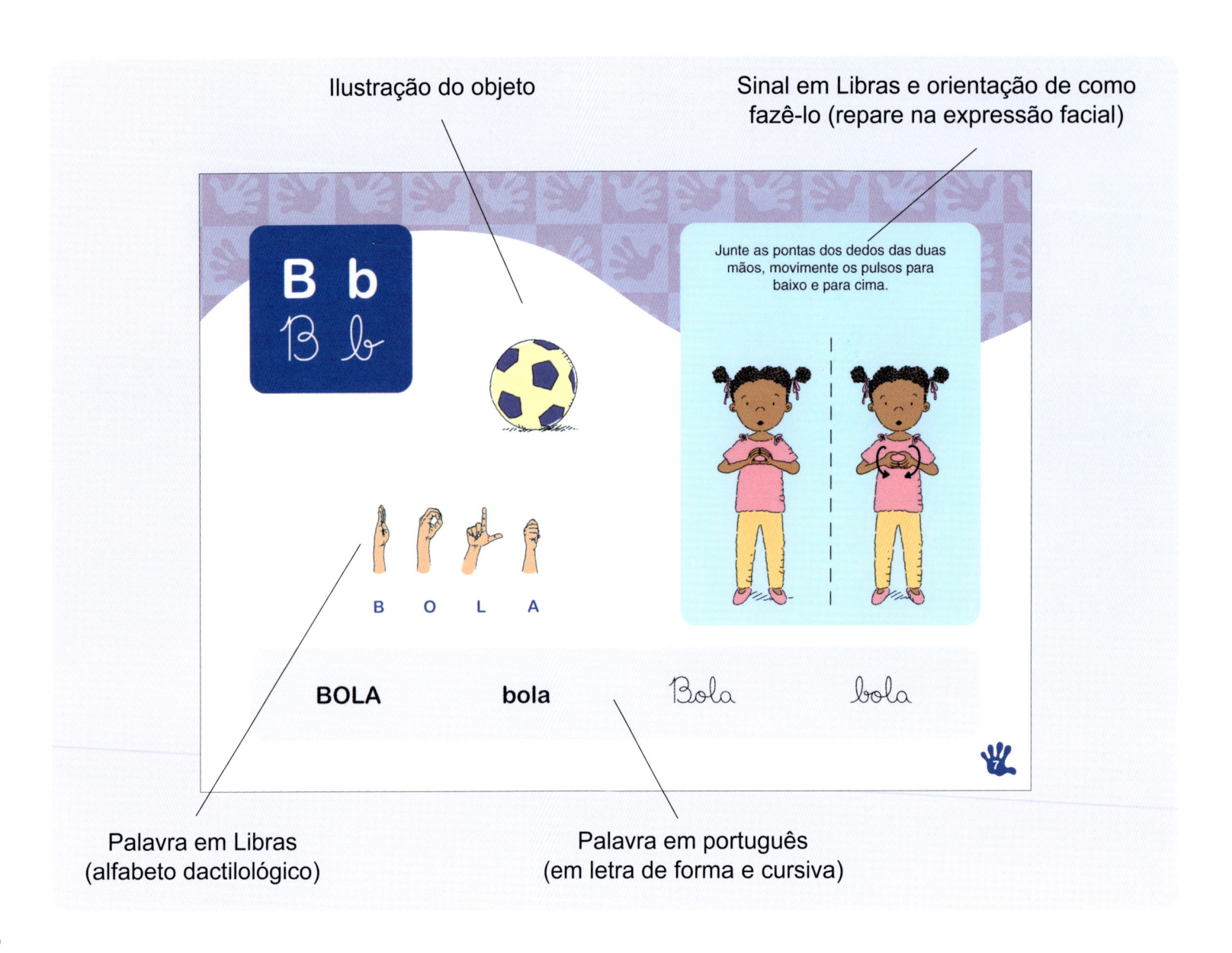

Ilustração do objeto

Sinal em Libras e orientação de como fazê-lo (repare na expressão facial)

B b
B b

Junte as pontas dos dedos das duas mãos, movimente os pulsos para baixo e para cima.

B O L A

BOLA bola *Bola* *bola*

Palavra em Libras (alfabeto dactilológico)

Palavra em português (em letra de forma e cursiva)

Concreto X Abstrato

Conforme o Acordo Ortográfico, as letras **k**, **y** e **w** voltam a fazer parte do alfabeto da Língua Portuguesa. Elas são usadas na escrita de símbolos de unidades de medida: km (quilômetro), kg (quilograma), W (watt) e, também, na escrita de palavras e nomes estrangeiros (e seus derivados): Walter, show, playground, kafkiano etc. Não as utilizamos para ilustrar este livro, pois acreditamos em um aprendizado significativo a partir de vocábulos concretos, ou seja, palavras que melhor apresentam a imagem do que se quer ensinar.

Não podemos nos esquecer de que a Língua de Sinais é essencialmente visual. É preciso concretizar a palavra a partir da visualização do objeto, coisa, animal ou pessoa, o que, então, nos faz compreender a importância da imagem para a alfabetização na Língua de Sinais.

Os substantivos abstratos serão apresentados nos próximos volumes.

Libras no Brasil

A Língua de Sinais, assim como a língua oral, surgiu da necessidade de as pessoas expressarem seus sentimentos e ideias, sendo necessária àqueles que não possuem o canal auditivo-oral para a expressão, mas somente o canal espaço-visual.

As estatísticas revelam que hoje são mais de cinco milhões de deficientes auditivos no Brasil, o que nos faz compreender as influências culturais e regionais que, como qualquer outra língua, a Língua de Sinais, mesmo tendo uma estrutura gramatical e vocabulário próprios, sofre.

Em 24 de abril de 2002, o então presidente da República Fernando Henrique Cardoso criou a Lei nº 10.436/2002, oficializando a Língua Brasileira de Sinais (Libras) como a língua oficial de surdos, o que garante a essas pessoas a condição de cidadãos brasileiros.

Onde procurar ajuda

No site da Federação Nacional de Educação e Integração dos Surdos (Feneis) – www.feneis.com.br –, você encontra informações sobre institutos, associações e escolas de todo o Brasil que trabalham em prol da acessibilidade à educação e do convívio do deficiente auditivo na sociedade.

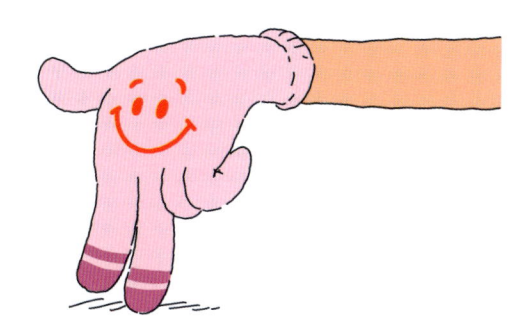

Benedicta A. Costa dos Reis

Mestre em Língua Portuguesa pela Universidade de São Paulo. Professora atuante no ensino médio e universitário da rede particular de ensino. Autora e coautora de livros didáticos, paradidáticos e de pesquisa. Presta assessoria para empresas e ministra cursos de capacitação em Língua Portuguesa para os vários campos profissionais. Trabalha em prol da capacitação de surdos para sua efetiva inclusão no mercado de trabalho e, também, na vida.

Sueli Ramalho Segala

Especialista em Língua Brasileira de Sinais (Libras), surda, graduada em Letras (Português-Espanhol) pela Uni Sant'Anna e concluindo Letras-Libras pela Universidade Federal de Santa Catarina (polo USP). Coautora da revista *Língua de Sinais: a imagem do pensamento* e colaboradora do *Dicionário de Língua de Sinais da USP*, pela Fapesp. Professora atuante nos cursos universitários de licenciatura e saúde em Libras e coordenadora da equipe de intérpretes do projeto Inclusão-Libras.

Fábio Sgroi

Nasceu em 1973, na cidade de São Paulo. Entre seus principais trabalhos está a criação e produção da revista *Dr. Eco e Companhia*, no período de 1996 a 1999. Ilustrou, recentemente, diversos livros de sucesso, como *A incrível fábrica de cocô, xixi e pum*, *A mulher que falava para-choques*, *Quem tem medo do Boitatá?* e *Meu nome não é gorducho*. É autor de *O livro do lobisomem*, *Ser humano é...* e *Controle remoto*. Para conhecer mais trabalhos dele, acesse: www.fabiosgroi.blogspot.com.br